curiosidad por

BARBIE

POR RACHEL GRACK

AMICUS LEARNING

¿Qué te causa

curiosidad?

CAPÍTULO TRES

Apuesto a que no sabías...

Curious About es una publicación de
Amicus Learning, un sello de Amicus
P.O. Box 227, Mankato, MN 56002
www.amicuspublishing.us

Editores: Ana Brauer y Grace Cain
Diseñadora de la serie: Kathleen Petelinsek
Diseñadora del libro e investigadora fotográfica: Sara Hood

Library of Congress Cataloging-in-Publication Data
Names: Koestler-Grack, Rachel A., 1973– author.
Title: Curiosidad por Barbie / by Rachel Grack.
Other titles: Curious about Barbie. Spanish
Description: Mankato, MN: Amicus Learning, an imprint of Amicus, [2026] | Series: Curiosidad por las marcas favoritas | Includes index. | Audience term: Children | Audience: Ages 6–9 | Audience: Grades 2–3 | Summary: "Who invented Barbie dolls? Spark elementary readers' curiosity about the popular toy brand's history, products and movies, and cultural impact with insightful questions and well-researched answers. Translated into North American Spanish. Includes table of contents, glossary, and index"— Provided by publisher.
Identifiers: LCCN 2024052103 (print) | LCCN 2024052104 (ebook) | ISBN 9798892006903 (library binding) | ISBN 9798892007504 (paperback) | ISBN 9798892008105 (ebook)
Subjects: LCSH: Barbie dolls—Juvenile literature. | Barbie dolls—History—Juvenile literature.
Classification: LCC NK4894.3.B37 K6418 2026 (print) | LCC NK4894.3.B37 (ebook) | DDC 688.7/221—dc23/eng/20241214
LC record available at https://lccn.loc.gov/2024052103
LC ebook record available at https://lccn.loc.gov/2024052104

Créditos fotográficos: Airbnb/unknown, 13; Alamy Stock Photo/ Bob London, 9, Chuck Mason, 17, FlixPix, 2, 11, Malcolm Park, 2, 5, NASA Photo, 3, 19, Sipa USA, 15; Getty Images/ Bettmann, 6, Vicky Kasala Productions, 7, Wiktor Szymanowicz, 12; Shutterstock/NightGliderSA, 15, Savanevich Viktar, cover; Mattel, Inc/unknown, 8, 9, 15, 16, 18, 20, 21

Impreso en India

¿Cuántos años tiene Barbie?

Nació el 9 de marzo de 1959, día en que la empresa de juguetes Mattel la presentó al mundo. Barbie se convirtió en una de las **marcas** de juguetes más exitosas de la historia. Hoy, el personaje aparece en muchos libros, espectáculos y películas.

La primera muñeca Barbie llevaba un traje de baño a rayas.

Las muñecas de papel fueron populares entre las décadas de 1930 y 1950.

¿Quién inventó la muñeca Barbie?

A Ruth Handler se le ocurrió la idea en 1959 al ver que a su hija le gustaba jugar con muñecas de papel. Handler quería vender una muñeca real que se pareciera a las de papel. Le puso a la muñeca el nombre de su hija, Bárbara.

Ruth Handler pensaba que las muñecas eran una buena manera de jugar y aprender.

¿Cuándo apareció Ken?

Barbie estuvo sola durante dos años. Luego, en 1961, Mattel lanzó el muñeco Ken Carson. La empresa inventó una historia sobre ellos. Dijeron que los muñecos se conocieron cuando filmaban un **comercial** juntos: fue amor a primera vista. Nacieron en el mismo pueblo: Willows, Wisconsin.

1961

1971

1983

KEN Y BARBIE A LO LARGO DE LOS AÑOS

Ken ha tenido más de 100 aspectos desde 1961.

¿SABÍAS QUE...?
Handler usó el nombre de su hijo, Ken.

1992 | 2010 | 2023

¿Qué es el mundo de Barbie?

Barbie se volvió muy popular. Mattel creó más personajes y juguetes. Se volvió todo un mundo para Barbie y sus amigos. Los productos cobraron vida a través de dibujos animados y películas. Los niños comenzaron a coleccionar las muñecas y los juguetes. Miraban a sus personajes favoritos en la televisión.

Barbie (2023) fue un éxito instantáneo.

¡HOLA, BARBIE!

Hay muchas películas animadas de Barbie. En 2023, se estrenó la primera película con actores de carne y hueso. ¡*Barbie* recaudó $1.450 millones en todo el mundo!

¿Dónde vive Barbie?

La primera Casa de los Sueños de Barbie se lanzó en 1962.

El personaje vive en Malibú, California. Su hogar más famoso es la Casa de los Sueños de Barbie. Esta casa ha tenido 20 estilos diferentes. La primera fue un **miniapartamento** plegable. Hoy es una **mansión** de tres pisos con piscina y ascensor.

Se vende una Casa de los Sueños cada dos minutos.

¿SABÍAS QUE...?
Hay una Casa de los Sueños de Barbie real en Malibú, California; es igual a las de juguete.

¿Cómo es la familia de Barbie?

A lo largo de los años, Mattel fue agrandando la familia de Barbie. Muchas de las muñecas se han **descontinuado**. Hoy tiene tres hermanas más jóvenes. Skipper es la hermana adolescente de Barbie. Stacie es un poco más joven. Chelsea tiene seis años y es la más pequeña. Sus padres son George y Margaret Roberts.

LA FAMILIA ROBERTS

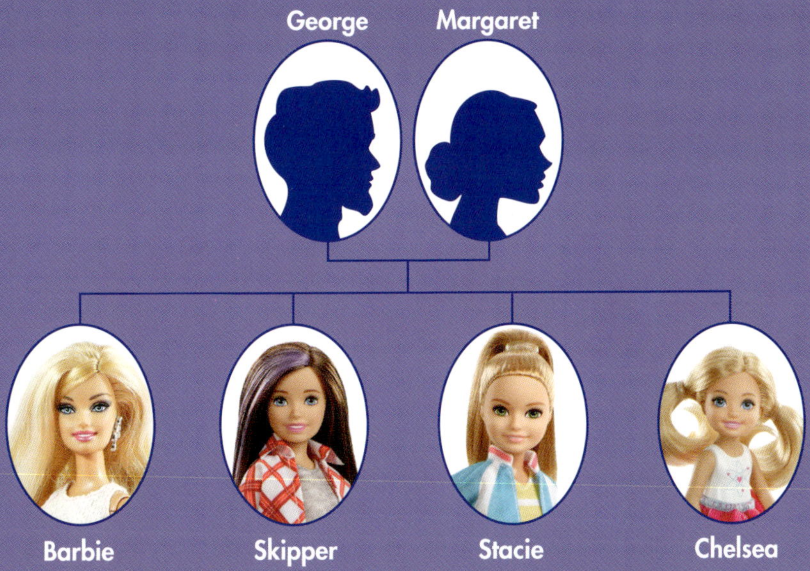

Mattel hace nuevos productos de Barbie todos los años.

¿Quién es la mejor amiga de Barbie?

Jugar con muñecas es una manera excelente de ser creativa con tus amigas.

Midge Hadley es su mejor amiga desde 1963. Rápidamente, Mattel hizo más amigas para Barbie. En 1968, Christie fue la primera muñeca negra. Luego le cambiaron el nombre y se llamó Nikki. Algunos de los personajes amigos se mantuvieron en el tiempo, otros tuvieron un paso breve. ¡Igual que en la vida real!

¿Cuántos trabajos ha tenido Barbie?

1961—Cantante

1965—Astronauta

1973—Cirujana

1985—Veterinaria

1991—Suboficial de Marina

1999—Piloto de aerolínea

2004—Candidata a la presidencia

2016—Desarrolladora de juegos

2019—Bióloga marina

¡Más de 250! Su primer trabajo fue de modelo; también es doctora, policía y piloto de carreras. Los muchos trabajos de Barbie **inspiran** a los niños a pensar en grande y llegar lejos. ¡Barbie incluso ha llegado al espacio! Esto ayudó a las niñas a interesarse en las carreras de **CTIM**.

Dos Barbies astronautas pasaron un tiempo en la Estación Espacial Internacional en 2022.

¿Hay una Barbie que se parezca a mí?

En abril de 2023, Mattel lanzó una muñeca con síndrome de Down.

¡Probablemente! Barbie viene en 35 tonos de piel. Tiene nueve tipos de cuerpo. Algunas muñecas llevan anteojos o audífonos, otras usan silla de ruedas. Es parte de la **Diversidad** de Barbie. Esto significa que Barbie es para todos. Barbie es tú y quien tú sueñes ser.

35 TONOS DE PIEL

9 TIPOS DE CUERPO

97 PEINADOS

REPRESENTAR LAS DISCAPACIDADES

DIVERSIDAD DE BARBIE

¡MANTÉN TU CURIOSIDAD!

HAZ MÁS PREGUNTAS

¿Cuántas películas de Barbie existen?

¿Puedo entrar a la Casa de los Sueños de Barbie real?

Prueba con una PREGUNTA GRANDE: ¿Qué nueva carrera podría probar Barbie?

BUSCA LAS RESPUESTAS

Busca en el catálogo de la biblioteca o en Internet.
Pueden ayudarte tus padres, un bibliotecario o un maestro.

Usar palabras clave
Busca la lupa.

Las palabras clave son las palabras más importantes de tu pregunta.

?

Si quieres saber sobre

- la cantidad de películas de Barbie, escribe: PELÍCULAS DE BARBIE
- cómo puedes alojarte en la Casa de los Sueños de Barbie, escribe: ALQUILAR CASA DE LOS SUEÑOS DE BARBIE

USA

GLOSARIO

comercial Un anuncio publicitario en televisión.

CTIM Un grupo de carreras que emplean ciencias, tecnología, ingeniería y matemáticas.

descontinuar Cuando un producto ya no se fabrica o no está más disponible.

diversidad La práctica de incluir a todo tipo de personas.

inspirar Motivar a una persona a querer hacer algo.

mansión Casa grande y elegante.

marca Un grupo de productos que pertenecen a la misma compañía.

miniapartamento Un apartamento de una habitación que incluye dormitorio, cocina y sala de estar con un baño separado.

ÍNDICE

Acerca de la autora

Rachel Grack es editora y escritora de libros para niños desde 1999. Vive en un pequeño rancho en el sur de Arizona. Como buena amante de las historias, lleva a Disney en su corazón. Disfruta ver cómo sus nietos juegan los juegos de Pokémon en su consola Nintendo 64.